하루 한 장으로 시작하는

초등 첫 일기 필사

③

하루 한 장으로 시작하는

초등 첫 일기 필사 3권

초판 인쇄 2025년 12월 23일
초판 발행 2025년 12월 31일

지은이 서미화
발행인 조현수
펴낸곳 도서출판 더로드
기획 조영재
디자인 디자인붐 정의도
주소 경기도 파주시 광인사길 68, 201-4호
전화 031) 942-5364, 5366
팩스 031-942-5368
이메일 provence70@naver.com
등록번호 제2015-000135호
등록 2015년 6월 18일
ISBN 979-11-6338-504-2 (14370)
ISBN 979-11-6338-501-1 (세트)

정가 15,000원
파본은 구입처나 본사에서 교환해드립니다.

읽기-생각-쓰기, 초등 글쓰기의
기초를 완성하는 일기 훈련 프로그램

하루 한 장으로 시작하는

초등 첫 일기 필사

③

서미화 지음

도서출판 더로드
The Road Books

들어가는 말

"따라 쓰는 것부터 시작하는 우리 아이 첫 일기"

세 아이의 엄마가 되어 20년을 보내는 동안, 제게 육아는 오리고, 붙이고, 쓰는 긴 여정이었습니다. 첫째 아이가 어린이집에서 받아 온 작은 종이를 오리고, 둘째 아이가 자신만의 색으로 그림을 그리고, 막내가 그 위에 무언가를 덧붙이며 세상을 배워 가는 모습 속에서 하루하루 새로운 발견을 했습니다. 아이를 키우는 일은 매 순간이 다르고, 생각보다 쉽지 않습니다. 그리고 그 긴 여정의 한가운데서 저는 '일기쓰기'라는 아주 특별한 과제를 만나게 되었습니다.

처음에는 한 문장을 쓰는 것만으로도 충분했습니다. 오늘의 날씨, 먹은 음식, 놀았던 일, 친구와 나눈 소소한 이야기처럼 아주 작은 경험도 좋았습니다. "오늘은 햇빛이 반짝여서 기분이 좋았다." "유치원에서 친구랑 블록을 쌓으며 놀았다." 정말 소박한 한 줄이었습니다. 그런데, 그 한 줄을 아이 스스로 써 보는 일은 생각보다 쉽지 않았습니다.

어떤 날은 아이가 자리에 앉아 한참을 고민하다가 "엄마, 뭐라고 써야 할지 모르겠어."라고 말하곤 했습니다. 그럴 때면 아이 곁에 앉아 하루를 하나씩 되짚어 주거나, "오늘은 어떤 점이 재미있었니?" 하고 물어보았습니다. 그럼에도 한 문장을 완성하지 못한 채 연필을 내려놓는 날도 적지 않았습니다.

또 어떤 날은 아이가 말한 한마디를 제가 받아 적고, 아이가 그 문장을 다시 따라 써 보게 하기도 했습니다. 미완성된 일기로 하루를 마무리한 날도 많았고, "오늘은 그냥 그림만 그릴래." 하며 그림 한 장으로 일기를 대신한 날도 있었습니다. 매일 일기를 써야 한다는 부담은 아이에게도, 때로는 저에게도 꽤 큰 짐이었습니다. 아이들을 키우며 저는 '일기쓰기는 누구에게나 쉬운 일이 아니다'라는 사실을 몸소 깨닫게 되었습니다.

머릿속의 생각을 꺼내 문장으로 만드는 일에는 생각보다 많은 에너지가 필요합니다. 이제 막 글을 배우기 시작한 아이에게 그 일을 자연스럽게 해내길 바라는 것이 과연 옳은 일일까, 스스로에게 여러 번 질문하게 되었습니다.

그러다 보니 자연스럽게 또 하나의 질문이 떠올랐습니다. '아이들이 어떻게 하면 스스로 일기를 쓰게 될까?' 억지로 시키는 대신, "아, 일기란 이런 거구나." 하고 감을 잡으며 조금씩 자기 이야기를 써 내려가게 하려면 무엇이 필요할까 고민했습니다. 그 답은 생각보다 가까운 곳에 있었습니다. 바로 '따라 쓰기'였습니다.

글쓰기는 모방에서 시작됩니다. 누군가의 글을 따라 써 보고, 좋은 문장을 내 손으로 옮겨 적는 과정 속에서 글쓰기의 기초는 자연스럽게 다져집니다. 아이가 말을 배울 때도 처음에는 어른의 말을 따라 하며 언어의 규칙을 익히지요. 일기쓰기 역시 다르지 않았습니다. 일기를 잘 쓰는 친구의 글, 엄마가 써 준 짧은 일기, 동화책 속에서 마음에 드는 한 문장을 반복해서 읽고 베껴 쓰는 것만으로도 아이의 글쓰기는 한 뼘씩 자라납니다.

그래서 이 책에는 아이가 부담 없이 따라 쓸 수 있는 다양한 일기 예시를 담았습니다. 재미있는 한 문장에서 시작해, 점차 이야기를 이어 갈 수 있도록 단계적으로 구성했습니다. 하루에 한 문장, 혹은 두세 문장만 따라 써도 충분합니다. 오늘은 힘들다면 그림을 그리거나, 엄마 아빠가 불러 주는 문장을 적어 보는 것도 좋습니다. 중요한 것은 '매일 조금씩' 글쓰기의 경험을 쌓는 일입니다.

처음에는 단순히 따라 쓰기에서 출발하지만, 어느 순간 아이는 자신만의 문장을 만들어 내고 작은 이야기 한 편을 완성하는 기쁨을 맛보게 될 것입니다. 그리고 언젠가 "오늘은 이런 일이 있었어요." 하며 스스로 일기장을 펼치는 날이 찾아올 것입니다.

저 역시 세 아이를 키우며 이 과정을 지나왔습니다. 불안과 걱정, '내가 잘하고 있는 걸까?' 하는 의심이 들 때도 있었지만, 아이가 한 줄 한 줄 적어 내려가며 자라나는 모습을 보며 이 길이 맞다는 확신을 얻었습니다. 일기쓰기는 누군가를 위한 숙제가 아니라, 나를 표현하는 소중한 연습입니다. 하루를 돌아보고 마음을 글로 옮기며 스스로를 이해해 가는 과정이기도 합니다.

이제 우리 아이의 첫 일기쓰기가 시작됩니다. 부담 없이, 즐겁게 다양한 글을 따라 써 보며 '글'이라는 새로운 친구를 만나게 해 주세요. 한 문장이 두 문장이 되고, 두 문장이 세 문장이 되면서 아이는 자연스럽게 글쓰기의 세계에 발을 들여놓게 될 것입니다.

그리고 무엇보다 중요한 사실이 있습니다. 이 길에는 엄마, 아빠라는 선생님이 함께합니다. 아이는 혼자가 아닙니다. 곁에서 응원하고 함께 고민해 주는 어른이 있다면, 그 어떤 어려움도 이겨 낼 수 있습니다.

부디 이 책이 우리 아이들의 글쓰기에 작은 씨앗이 되기를 바랍니다. 오늘 한 줄을 따라 쓰는 것으로 시작해, 언젠가는 아이 스스로 글을 완성하며 성취감을 느끼는 그날까지, 저는 응원하겠습니다.

그리고 기억해 주세요. 완벽하지 않아도 괜찮습니다.

따라 쓰는 것부터 시작하는 우리 아이의 첫 일기, 지금 시작해보세요.

이 책의 구성 및 활용 방법

① 용돈 모아 산 첫 물건

쓰기 위한 읽기

제목 : 내 돈으로 피규어 산 날

오랫동안 용돈을 아껴서 갖고 싶었던 피규어를 샀다. 매번 사고 싶은 게 있었지만 꾹 참고 저금했다. 저금한 돈을 찾아 계산대로 물건을 들고 가는데 너무 좋아서 손이 떨렸다. 설레고 뿌듯했다. 다음에 또 갖고 싶은 물건이 생기면 열심히 저금해야겠다고 생각했다.

1단계 [쓰기 위한 읽기]

아이가 일기와 처음 만나는 시간입니다. 하루의 한 장면을 담은 짧은 일기를 천천히 읽어 주세요. 특별한 사건이 아니라, 아이도 충분히 겪었을 법한 소소한 이야기이기 때문에 아이는 자연스럽게 자신의 하루를 떠올리게 될 것입니다. 이 과정을 통해 아이는 "이런 일도 일기가 되는구나" 하고 느끼게 됩니다.

이 단계에서는 설명을 덧붙일 필요가 없습니다. 어떻게 썼는지, 왜 이렇게 썼는지를 알려 주지 않아도 괜찮습니다. 아이는 글을 읽으며 문장의 분위기와 흐름을 그대로 받아들이게 됩니다. 일기를 분석하는 시간이 아니라, 글을 편안하게 만나는 시간입니다.

부모는 그저 읽어 주거나 함께 조용히 읽기만 해 주세요. 이 경험은 아이에게 일기가 어렵지 않은 글이라는 인상을 남깁니다. 이렇게 쌓인 첫 인상이 이후의 글쓰기 과정을 훨씬 부드럽게 만들어 줄 것입니다.

쓰기 위한 생각

★ 따라 쓰는 한마디

"기다림 끝에 얻는 기쁨은 두 배!"

★ 오늘의 기분 표시하기

신났다 당황했다 졸렸다 속상했다 평범했다

★ 오늘 그려보기

저금통에 돈을 모으는 모습, 물건을 사는 장면을 그려보세요!

2단계 [쓰기 위한 생각]

아이가 글을 쓰기 전에 하루를 떠 올리는 시간입니다.
오늘 하루를 떠올리며 어떤 기분이었는지, 무엇이 가장 기억에 남는지를 질문으로 가볍게 꺼내 봅니다. 말로 떠올리기 어려워하면 기분 얼굴을 고르거나 짧은 말로 표현해도 충분합니다. 여기에 그림이 더해집니다. 오늘 있었던 한 장면을 자유롭게 그려 보며, 머릿속에 흩어져 있던 생각들을 조금씩 모아주세요.

그림을 잘 그릴 필요는 전혀 없습니다. 그림은 보여 주기 위한 결과물이 아니라, 생각을 꺼내기 위한 도구이기 때문입니다. 아이는 그림을 그리며 "이때 내가 늦게 일어났어", "이 장면이 제일 기억나" 하고 자신의 이야기를 자연스럽게 꺼낼 수 있습니다. 아이의 말 한마디 한마디가 글의 재료가 된다는 것을 기억해 주세요.

부모는 아이의 그림을 평가하지 않고, 바라봐 주세요. "이건 어떤 장면이야?", "이때 기분은 어땠어?"처럼 가벼운 질문이면 충분합니다. 2단계는 글을 잘 쓰기 위한 시간이 아니라, 쓸 말을 미리 꺼내 놓는 준비 시간입니다. 이 과정을 거친 아이는 다음 단계에서 훨씬 편안한 마음으로 글을 쓰게 됩니다.

일기 따라 쓰기

제목 : 내 돈으로 피규어 산 날

오랫동안 용돈을 아껴서 갖고 싶었던 피규어를 샀다. 매번 사고 싶은 게 있었지만 꾹 참고 저금했다. 저금한 돈을 찾아 계산대로 물건을 들고 가는데 너무 좋아서 손이 떨렸다. 설레고 뿌듯했다. 다음에 또 갖고 싶은 물건이 생기면 열심히 저금해야겠다고 생각했다.

3단계 [일기 따라 쓰기]

아이가 글의 모양과 흐름을 몸으로 익히는 시간입니다. 앞에서 읽었던 일기를 그대로 따라 쓰며, 일기가 어떻게 시작되고 어떤 순서로 이어지는지를 자연스럽게 경험합니다. 이때 문장을 배우려고 애쓰지 않아도 됩니다. 손으로 한 글자씩 써 내려가는 과정 자체가 글의 흐름을 익히는 연습이 됩니다.

따라 쓰는 과정에서 틀린 글자는 고치지 않아도 괜찮습니다. 중요한 것은 정확함이 아니라, 끝까지 써 보았다는 경험입니다. 아이는 따라 쓰기를 하며 '일기는 이렇게 흘러가는 글이구나' 하고 감각적으로 느끼게 될 것입니다.

빨리 쓰라고 재촉하지 않아도 되고, 잘 썼는지 평가할 필요도 없습니다. 손으로 문장을 따라 쓰는 이 시간은 아이에게 글쓰기를 부담이 아닌 익숙한 활동으로 만들어 줍니다. 이렇게 쌓인 경험이 다음 단계에서 자기 이야기를 쓰는 힘이 됩니다.

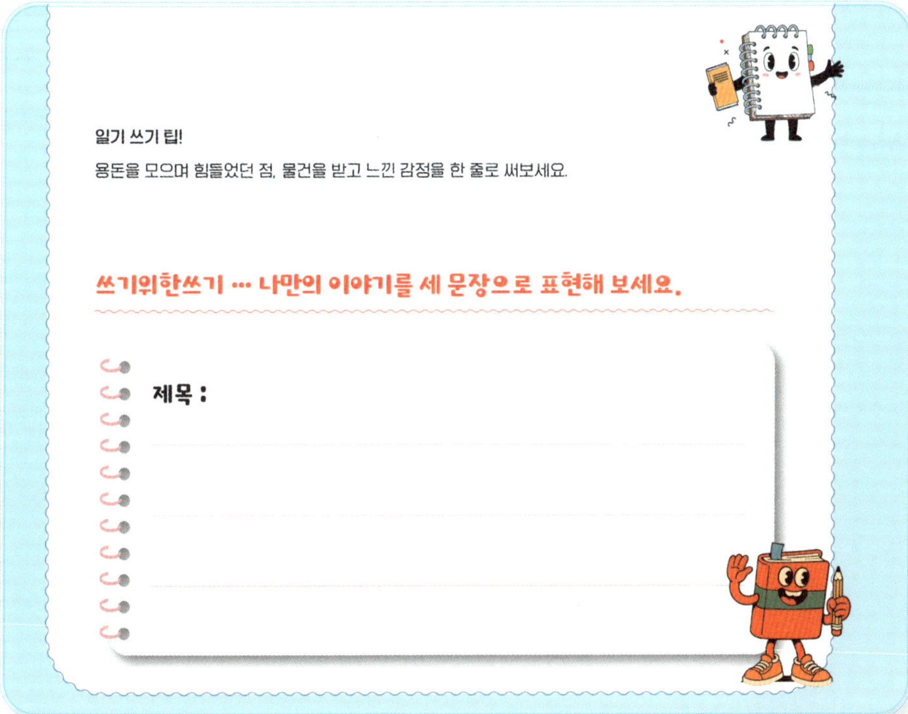
일기 쓰기 팁!

용돈을 모으며 힘들었던 점, 물건을 받고 느낀 감정을 한 줄로 써보세요.

쓰기위한쓰기 ··· 나만의 이야기를 세 문장으로 표현해 보세요.

제목 :

4단계 [쓰기 위한 쓰기]

아이가 자기 이야기를 자신의 글로 옮겨 보는 시간입니다. 앞선 단계에서 말로 풀어 보고, 그림으로 표현했던 하루를 떠올리며 이제 글로 써 봅니다. 무엇부터 써야 할지 막막하지 않도록, 이미 꺼내 놓은 생각과 그림이 자연스럽게 길잡이가 되어 줄 것입니다.

이때 문장의 개수에는 정답이 없습니다. 한 문장이어도 괜찮고, 두세 문장이어도 충분합니다. 길게 쓰는 것보다 중요한 것은 '내가 겪은 하루'를 글로 남겼다는 경험입니다. 아이는 글을 완성했다는 사실만으로도 큰 성취감을 느낍니다.

부모는 이 단계에서 교정자가 되기보다 첫 번째 독자가 되어 주세요. 맞춤법이나 표현을 고치기보다, 아이가 느낀 감정을 짚어 주며 댓글로 마음을 표현을 보세요. "그때 정말 속상했겠다", "그래서 기분이 좋았구나" 같은 공감 한마디가 아이에게는 다음 일기를 쓰게 하는 가장 좋은 응원이 됩니다.

부모의 댓글 쓰기, 아이의 글쓰기를 즐겁게 만들어 주는 큰 도구입니다.

차례

1장 · 돈과 소비, 책임

2장 · 미래와 꿈, 감사

3장 · 나만의 특별한 버킷 리스트

4장 · 나만의 비밀 레시피

40일 매일 체크

1주	1	2	3	4	5
2주	6	7	8	9	10
3주	11	12	13	14	15
4주	16	17	18	19	20
5주	21	22	23	24	25
6주	26	27	28	29	30
7주	31	33	33	34	35
8주	36	37	38	39	40

1장

돈과 소비, 책임

① 용돈 모아 산 첫 물건

쓰기 위한 읽기

제목 : 내 돈으로 피규어 산 날

오랫동안 용돈을 아껴서 갖고 싶었던 피규어를 샀다. 매번 사고 싶은 게 있었지만 꾹 참고 저금했다. 저금한 돈을 찾아 계산대로 물건을 들고 가는데 너무 좋아서 손이 떨렸다. 설레고 뿌듯했다. 다음에 또 갖고 싶은 물건이 생기면 열심히 저금해야겠다고 생각했다.

쓰기 위한 생각

★ 따라 쓰는 한마디

"기다림 끝에 얻는 기쁨은 두 배!"

★ 오늘의 기분 표시하기

☺ 즐거웠다 ☺ 설렜다 ☺ 아쉬웠다 ☺ 뿌듯했다 ☺ 긴장했다

★ 오늘 그려보기

저금통에 돈을 모으는 모습, 물건을 사는 장면을 그려보세요!

일기 따라 쓰기

제목 : 내 돈으로 피규어 산 날

오랫동안 용돈을 아껴서 갖고 싶었던 피규어를 샀다. 매번 사고 싶은 게 있었지만 꾹 참고 저금했다. 저금한 돈을 찾아 계산대로 물건을 들고 가는데 너무 좋아서 손이 떨렸다. 설레고 뿌듯했다. 다음에 또 갖고 싶은 물건이 생기면 열심히 저금해야겠다고 생각했다.

일기 쓰기 팁!

용돈을 모으며 힘들었던 점, 물건을 받고 느낀 감정을 한 줄로 써보세요.

쓰기 위한 쓰기 ··· 나만의 이야기를 세 문장으로 표현해 보세요.

제목 :

② 부모님이 지갑을 잃어버린 날

쓰기 위한 읽기

제목 : 엄마의 지갑

엄마는 지갑이랑 차키를 자주 잃어버리신다. 오늘도 엄마 지갑이 사라져 집안이 온통 난리였다. 동생이랑 내가 찾으려고 했지만 찾을 수 없었다. 저녁에 소파 밑에서 지갑이 발견돼 모두가 한숨을 쉬며 웃었다. 엄마의 지갑에 날개가 달려서 엄마를 따라 다녔으면 좋겠다.

쓰기 위한 생각

★ 따라 쓰는 한마디

"작은 일도 함께하면 힘이 생긴다."

★ 오늘의 기분 표시하기

☺ 다행이다 　 당황했다 　 아쉬웠다 　 ☹ 속상했다 　 평범했다

★ 오늘 그려보기

모두가 함께 지갑을 찾으려는 가족의 모습, 지갑을 찾은 순간을 그려보세요!

일기 따라 쓰기

제목 : 엄마의 지갑

엄마는 지갑이랑 차키를 자주 잃어버리신다. 오늘도 엄마 지갑이 사라져 집안이 온통 난리였다. 동생이랑 내가 찾으려고 했지만 찾을 수 없었다. 저녁에 지갑이 소파 밑에서 발견돼 모두가 한숨을 쉬며 웃었다. 엄마의 지갑에 날개가 달려서 엄마를 따라 다녔으면 좋겠다.

일기 쓰기 팁!

엄마가 지갑을 잃어 버렸을 때 표정과 찾았을 때의 표정을 글로 표현해 보세요.

쓰기 위한 쓰기 … 나만의 이야기를 세 문장으로 표현해 보세요.

제목 :

③ 친구와 돈 거래한 경험

쓰기 위한 읽기

제목 : 친구에게 돈을 빌려준 날

어제 하굣길에 유라가 물건을 사야 한다며 돈을 빌려달라고 했다. 주머니에 천 원이 전부라 조금 망설였지만, 친구를 믿고 빌려줬다. 오늘 학교에 갔더니 유라가 돈을 빌려줘서 고맙다며 돈과 과자를 주었다. 안주면 어쩌나? 하고 고민했었는데 다행이었다.

쓰기 위한 생각

★ 따라 쓰는 한마디

신뢰가 쌓이면 우정도 커진다.

★ 오늘의 기분 표시하기

뿌듯했다 당황했다 신기했다 긴장했다 고마웠다

★ 오늘 그려보기

친구와 돈을 주고받는 장면을 그려보세요.

일기 따라 쓰기

제목 : 친구에게 돈을 빌려준 날

어제 하굣길에 유라가 물건을 사야 한다며 돈을 빌려달라고 했다. 주머니에 천 원이 전부라 조금 망설였지만, 친구를 믿고 빌려줬다. 오늘 학교에 갔더니 유라가 돈을 빌려줘서 고맙다며 돈과 과자를 주었다. 안주면 어쩌나? 하고 고민했었는데 다행이었다.

일기 쓰기 팁!

약속을 지킨 친구에게 느낀 점, 신뢰의 중요성에 대해서 한 줄 더 써 보세요.

쓰기 위한 쓰기 ··· 나만의 이야기를 세 문장으로 표현해 보세요.

제목 :

④ 실수로 물건을 망가뜨려 속상했던 일

쓰기 위한 읽기

제목 : 화분을 깨뜨린 날

실수로 엄마의 화분을 떨어뜨려 깨뜨렸다. 깜짝 놀라서 빗자루로 쓸고 치웠지만 마음이 무거웠다. 엄마에게 사실대로 말하자 "다치지 않은 게 다행이야"라며 나를 안아주셨다. 실수는 누구나 하지만, 솔직하게 말하면 마음이 가벼워진다는 걸 느꼈다.

쓰기 위한 생각

★ 따라 쓰는 한마디

실수는 누구나 하지만, 솔직하게 말하면 마음이 가벼워진다.

★ 오늘의 기분 표시하기

즐거웠다 당황했다 아쉬웠다 속상했다 평범했다

★ 오늘 그려보기

화분을 치우는 모습, 엄마와 대화하는 장면을 그려보세요!

일기 따라 쓰기

제목 : 화분을 깨뜨린 날

실수로 엄마의 화분을 떨어뜨려 깨뜨렸다. 깜짝 놀라서 빗자루로 쓸고 치웠지만 마음이 무거웠다. 엄마에게 사실대로 말하자 "다치지 않은 게 다행이야"라며 나를 안아주셨다. 실수는 누구나 하지만, 솔직하게 말하면 마음이 가벼워진다는 걸 느꼈다.

일기 쓰기 팁!

실수 뒤 느낀 마음, 앞으로 조심하고 싶은 다짐을 한 줄로 써보세요.

쓰기 위한 쓰기 … 나만의 이야기를 세 문장으로 표현해 보세요.

제목 :

⑤ 일하는 가족을 보고 느낀 점

쓰기 위한 읽기

제목 : 아빠의 땀

오랜만에 아빠가 일하는 과일 가게에 따라갔다. 아빠가 땀 흘리며 바쁘게 일하는 모습을 보니 마음이 아팠다. 그리고 미안한 마음도 들었다. 그래서 아빠 옆에 서서 "아빠, 파이팅!"이라고 했더니 웃으셨다. 앞으로도 힘든 아빠를 위해 응원의 말을 준비해야겠다고 다짐했다.

쓰기 위한 생각

★ 따라 쓰는 한마디

응원의 힘이 크다는 것을 깨달았다.

★ 오늘의 기분 표시하기

☺ 즐거웠다 ☺ 감동했다 ☺ 아쉬웠다 ☹ 뿌듯했다 😐 평범했다

★ 오늘 그려보기

가게에서 일하는 가족의 모습을 그려 보세요.

일기 따라 쓰기

제목 : 아빠의 땀

오랜만에 아빠가 일하는 과일 가게에 따라갔다. 아빠가 땀 흘리며 바쁘게 일하는 모습을 보니 마음이 아팠다. 그리고 미안한 마음도 들었다. 그래서 아빠 옆에 서서 "아빠, 파이팅!"이라고 했더니 웃으셨다. 앞으로도 힘든 아빠를 위해 응원의 말을 준비해야겠다.

일기 쓰기 팁!

가족이 고생하는 모습을 보고 느낀 점, 내가 도와주고 싶은 일을 써보세요.

쓰기 위한 쓰기 … 나만의 이야기를 세 문장으로 표현해 보세요.

제목 :

⑥ 기부, 나눔에 참여해 본 경험

쓰기 위한 읽기

제목 : 헌옷 모으기 행사

학교에서 헌옷 모으기 행사가 있었다. 안 입는 옷이나 작아진 옷을 모아 어려운 사람들을 도와주는 행사였다. 집에서 가져온 헌옷들이 남을 도울 수 있다고 생각하니 착한 일을 한 것처럼 기분이 좋았다. 그리고 남을 돕는 일이 꼭 대단한 일이 아니어도 된다는 생각을 하게 되었다.

쓰기 위한 생각

★ 따라 쓰는 한마디

나눔은 모두를 행복하게 만든다.

★ 오늘의 기분 표시하기

뿌듯했다 당황했다 아쉬웠다 속상했다 평범했다

★ 오늘 그려보기

나눔 해본 경험을 그림으로 표현해 주세요.

일기 따라 쓰기

제목 : 헌옷 모으기 행사

학교에서 헌옷 모으기 행사가 있었다. 안 입는 옷이나 작아진 옷을 모아 어려운 사람들을 도와주는 행사였다. 집에서 가져온 헌옷들이 남을 도울 수 있다고 생각하니 착한 일을 한 것처럼 기분이 좋았다. 그리고 남을 돕는 일이 꼭 대단한 일이 아니어도 된다는 생각을 하게 되었다.

일기 쓰기 팁!

기부, 나눔을 하며 느낀 감정, 다시 참여하고 싶은 마음을 써보세요.

쓰기 위한 쓰기 … 나만의 이야기를 세 문장으로 표현해 보세요.

제목 :

⑦ 내가 계획해서 쓴 돈

쓰기 위한 읽기

제목 : 용돈

지금까지 모은 용돈을 어떻게 쓸지 계획을 세웠다. 필요한 학용품을 사고, 남은 돈으로는 친구에게 생일 선물을 사주었다. 계획한 대로 돈을 쓰니 충동적으로 쓰고 싶은 마음이 사라졌다. 앞으로도 계획하고 용돈을 써야겠다고 다짐했다.

쓰기 위한 생각

★ 따라 쓰는 한마디

작은 계획이 큰 성공을 만든다.

★ 오늘의 기분 표시하기

☺ 즐거웠다 ☹ 당황했다 ☹ 아쉬웠다 ☺ 뿌듯했다 😐 평범했다

★ 오늘 그려보기

용돈을 어디에 썼는지 그림으로 표현해 보세요.

일기 따라 쓰기

제목 : 용돈

지금까지 모은 용돈을 어떻게 쓸지 계획을 세웠다. 필요한 학용품을 사고, 남은 돈으로는 친구에게 생일 선물을 사주었다. 계획한 대로 돈을 쓰니 충동적으로 쓰고 싶은 마음이 사라졌다. 앞으로도 계획하고 용돈을 써야겠다고 다짐했다.

일기 쓰기 팁!

돈을 계획해 쓰며 느낀 점, 다음 목표를 한 줄로 써보세요.

쓰기 위한 쓰기 … 나만의 이야기를 세 문장으로 표현해 보세요.

제목 :

⑧ 돈 때문에 친구랑 다툰 날

쓰기 위한 읽기

제목 : 친구와 떡볶이

하굣길에 친구랑 떡볶이를 사먹었다. 나는 천천히 먹어서 떡볶이를 하나밖에 먹지 못했다. 반씩 돈을 내자는 친구가 미워서 다투게 되었다. 서로 오해가 생겨 한동안 말도 안 했지만 엄마가 "함께하는 시간은 돈으로 계산할 수 없다"고 하셔서 "미안해"라고 말하고 화해를 했다.

쓰기 위한 생각

★ 따라 쓰는 한마디

"함께하는 시간은 돈으로 계산할 수 없다."

★ 오늘의 기분 표시하기

☺ 즐거웠다 ☹ 당황했다 ☺ 아쉬웠다 ☹ 속상했다 ☺ 미안했다

★ 오늘 그려보기

떡볶이를 먹는 모습, 친구와 화해하는 장면을 그려보세요!

일기 따라 쓰기

제목 : 친구와 떡볶이

하굣길에 친구랑 떡볶이를 사먹었다. 나는 천천히 먹어서 떡볶이를 하나밖에 먹지 못했다. 반씩 돈을 내자는 친구가 미워서 다투게 되었다. 서로 오해가 생겨 한동안 말도 안 했지만 엄마가 "함께하는 시간은 돈으로 계산할 수 없다"고 하셔서 "미안해"라고 말하고 화해를 했다.

일기 쓰기 팁!

다툼에서 느낀 점, 친구와 더 잘 지내고 싶은 마음을 한 줄로 써보세요.

쓰기 위한 쓰기 … 나만의 이야기를 세 문장으로 표현해 보세요.

제목 :

⑨ 물건을 잃어버려 아쉬웠던 일

쓰기 위한 읽기

제목 : 아끼던 연필

고모한테 선물로 받아 아껴 쓰던 연필을 학교에 두고 왔다. 집에 돌아와서야 잃어버린 걸 알아서 속상했다. 친구가 내일 같이 찾아보자고 위로해 줘서 조금 안심이 됐다. 내일은 아침 일찍 학교에 가야겠다. 꼭 찾았으면 좋겠다.

쓰기 위한 생각

★ 따라 쓰는 한마디

"소중한 건 잘 챙기자!"

★ 오늘의 기분 표시하기

☺ 즐거웠다 ☺ 당황했다 ☺ 아쉬웠다 ☹ 속상했다 ☺ 평범했다

★ 오늘 그려보기

잃어버린 물건을 찾는 모습, 친구가 위로하는 장면을 그려보세요!

일기 따라 쓰기

제목 : 아끼던 연필

고모한테 선물로 받아 아껴 쓰던 연필을 학교에 두고 왔다. 집에 돌아와서야 잃어버린 걸 알아서 속상했다. 친구가 내일 같이 찾아보자고 위로해 줘서 조금 안심이 됐다. 내일은 아침 일찍 학교에 가야겠다. 꼭 찾았으면 좋겠다.

일기 쓰기 팁!

잃어버렸을 때의 마음, 찾고 싶은 희망을 한 줄로 써보세요.

쓰기 위한 쓰기 … 나만의 이야기를 세 문장으로 표현해 보세요.

제목 :

⑩ 내 돈으로 산 첫 간식

쓰기 위한 읽기

제목 : 내가 산 군고구마

집에 가는 길에 용돈으로 군고구마를 샀다. 큰돈이라 살짝 아깝다는 생각이 들었지만 군고구마 봉투를 받는 순간 뿌듯함이 느껴졌다. 뜨끈뜨끈한 고구마를 식지 않게 가슴에 안고 집으로 달렸다. 집에 와서 가족들과 고구마를 먹으니 더 맛있고 행복했다.

쓰기 위한 생각

★ 따라 쓰는 한마디

"같이 먹으니 더 맛있고 행복했다."

★ 오늘의 기분 표시하기

행복했다　뿌듯했다　아쉬웠다　속상했다　평범했다

★ 오늘 그려보기

간식을 사는 모습, 가족과 나누는 장면을 그려보세요!

일기 따라 쓰기

제목 : 내가 산 군고구마

집에 가는 길에 용돈으로 군고구마를 샀다. 큰돈이라 살짝 아깝다는 생각이 들었지만 군고구마 봉투를 받는 순간 뿌듯함이 느껴졌다. 뜨끈뜨끈한 고구마를 식지 않게 가슴에 안고 집으로 달렸다. 집에 와서 가족들과 고구마를 먹으니 더 맛있고 행복했다.

일기 쓰기 팁!

처음 산 간식의 맛, 가족의 반응을 한 줄로 써보세요.

쓰기 위한 쓰기 … 나만의 이야기를 세 문장으로 표현해 보세요.

제목 :

쉬어가는 코너

돈, 소비, 책임 일기

**용돈 사용 계획, 실수 후 느낀 점,
책임감 키우기 등 함께 생각해 보기**

1. 용돈 일기에 담아야 할 내용

- **돈의 출처:** 어디서 얻은 돈인지 (용돈, 저금, 받은 선물)
- **돈의 사용:** 무엇에 썼는지 (간식, 장난감, 학용품)
- **남은 돈:** 남은 돈을 어떻게 할지 (저금, 다음에 쓰기)

2. 소비한 후 평가하기

- **선택의 이유:** 왜 그 물건이나 음식을 샀는지
- **느낀 점:** 사고 나서 만족했는지, 아쉬웠는지
- **비교하기:** 꼭 필요한 소비였는지, 아니면 충동구매였는지

3. 소비 후 느낌을 적어요. (예시)

- **후회/배움:** "괜히 샀다." → 다음에는 더 생각하고 사자
- **계획 세우기:** "다음에는 필요한 걸 위해 모아야겠다."
- **긍정 경험:** "내가 사고 싶던 책을 사서 기분이 뿌듯했다."

4. 일기 문장 틀

- "오늘은 ○○에 돈을 썼다. 그 이유는 ○○ 때문이다."
- "○○을 사니 기분이 ○○했다."
- "다음에는 돈을 ○○하는 데 쓰고 싶다."

★ 이렇게 쓰면 돈을 단순한 '소비 기록'이 아닌
생각·감정·책임을 함께 담는 경제 일기로 발전시킬 수 있어요.

2장

미래와 꿈, 감사

1. 나의 미래 직업
2. 어릴 적 꿈이 바뀐 이유
3. 장래희망이 생긴 날
4. 내가 존경하는 어른
5. 어려운 시기를 이겨낸 경험
6. 내 인생의 롤모델
7. 고마운 친구에게 편지쓰기
8. 가족에게 받은 큰 도움
9. 나만의 특별한 소원
10. 오늘 하루 감사했던 순간

[이건 꼭 익혀주세요!]

작게 시작해서 마음을 담는 쉬운 일기 쓰는 법

① 나의 미래 직업

쓰기 위한 읽기

제목 : 사육사가 되고 싶다

얼마 전에 가족들과 동물원에 갔다. 동물을 돌보는 사육사를 보니 나도 저렇게 멋진 직업을 갖고 싶다는 생각이 들었다. 꿈을 이루려면 열심히 공부도 하고, 동물을 사랑하는 마음도 키워야겠다고 다짐했다.

쓰기 위한 생각

★ 따라 쓰는 한마디

내 꿈을 위해 오늘도 한 걸음 나아가야겠다.

★ 오늘의 기분 표시하기

☺ 즐거웠다 ☺ 기대됐다 ☺ 아쉬웠다 ☹ 속상했다 😐 걱정됐다

★ 오늘 그려보기

미래의 내 모습을 그려보거나, 꿈을 상상하는 장면을 그려보세요!

일기 따라 쓰기

제목 : 사육사가 되고 싶다

얼마 전에 가족들과 동물원에 갔다. 동물원에서 동물을 돌보는 사육사를 보니 나도 저렇게 멋진 직업을 갖고 싶다는 생각이 들었다. 꿈을 이루려면 열심히 공부하고, 동물을 사랑하는 마음도 키워야겠다는 다짐을 하게 되었다.

일기 쓰기 팁!

내가 바라는 미래, 꿈을 이루기 위한 실천을 한 줄로 써보세요.

쓰기 위한 쓰기 ··· 나만의 이야기를 세 문장으로 표현해 보세요.

제목 :

② 어릴 적 꿈이 바뀐 이유

쓰기 위한 읽기

제목 : 내 꿈은 수학선생님

어릴 때는 큰 소방차를 타고 다니는 소방관이 되고 싶었는데, 지금은 수학 선생님이 되고 싶다. 새로운 꿈을 갖게 된 이유는 수학을 놀이처럼 가르쳐 주시는 담임 선생님 덕분이다. 나도 누군가에게 수학을 재미있게 가르치는 선생님이 되고 싶다.

쓰기 위한 생각

★ 따라 쓰는 한마디

꿈은 소중하다.

★ 오늘의 기분 표시하기

☺ 신기했다 ☹ 당황했다 ☺ 설렜다 ☹ 속상했다 😐 평범했다

★ 오늘 그려보기

지금의 나의 꿈을 그림으로 표현해 보세요.

일기 따라 쓰기

제목 : 내 꿈은 수학선생님

어릴 때는 큰 소방차를 타고 다니는 소방관이 되고 싶었는데, 지금은 수학 선생님이 되고 싶다. 새로운 꿈을 갖게 된 이유는 수학을 놀이처럼 가르쳐 주시는 담임 선생님 덕분이다. 나도 누군가에게 수학을 재미있게 가르치고 선생님이 되고 싶다.

일기 쓰기 팁!

꿈이 바뀌었던 계기, 지금 가장 이루고 싶은 꿈을 한 줄로 써보세요..

쓰기 위한 쓰기 ··· 나만의 이야기를 세 문장으로 표현해 보세요.

제목 :

③ 장래희망이 생긴 날

쓰기 위한 읽기

제목 : 꿈을 갖게 된 순간

기후 변화와 관련된 영상을 보다가 환경 운동가 그레타 툰베리를 알게 되었다. 10대의 나이에 기후 변화로 아파하는 지구를 살리기 위해 연설을 하는 것을 보고 멋있다는 생각이 들었다. 꿈을 갖게 되는 순간이었다.

쓰기 위한 생각

★ 따라 쓰는 한마디

꿈을 갖게 되는 순간이었다.

★ 오늘의 기분 표시하기

☺ 즐거웠다 　 설렜다 　 아쉬웠다 　 걱정됐다 　 평범했다

★ 오늘 그려보기

미래 직업을 상상해서 그려보세요!

일기 따라 쓰기

제목 : 꿈을 갖게 된 순간

기후 변화와 관련된 영상을 보다가 환경 운동가 그레타 툰베리를 알게 되었다. 10대의 나이에 기후 변화로 아파하는 지구를 살리기 위해 연설을 하는 것을 보고 멋있다는 생각이 들었다. 꿈을 갖게 되는 순간이었다.

일기 쓰기 팁!

새로운 꿈이 생긴 계기, 앞으로 이루고 싶은 목표를 써보세요.

쓰기 위한 쓰기 … 나만의 이야기를 세 문장으로 표현해 보세요.

제목 :

④ 내가 존경하는 어른

쓰기 위한 읽기

제목 : 우리 할아버지

나는 우리 할아버지를 존경한다. 할아버지는 항상 남을 먼저 생각하고, 힘든 사람을 도와주신다. 나도 그런 어른이 되고 싶어 요즘 할아버지와 많은 시간을 보내고 있다. 존경하는 사람이 있다는 건 참 든든한 일이다.

쓰기 위한 생각

★ 따라 쓰는 한마디

나도 존경받는 어른이 되고 싶다.

★ 오늘의 기분 표시하기

☺ 존경스러웠다 ☹ 당황했다 ☺ 아쉬웠다 ☹ 든든했다 ☺ 평범했다

★ 오늘 그려보기

할아버지와 함께 있는 모습, 닮고 싶은 장면을 그려보세요!

일기 따라 쓰기

제목 : 우리 할아버지

나는 우리 할아버지를 존경한다. 할아버지는 항상 남을 먼저 생각하고, 힘든 사람을 도와주신다. 나도 그런 어른이 되고 싶어 요즘 할아버지와 많은 시간을 보내고 있다. 존경하는 사람이 있다는 건 참 든든한 일이다.

일기 쓰기 팁!

존경하는 사람의 행동, 나도 실천하고 싶은 점을 한 줄로 써보세요.

쓰기 위한 쓰기 ··· 나만의 이야기를 세 문장으로 표현해 보세요.

제목 :

⑤ 어려운 시기를 이겨낸 경험

쓰기 위한 읽기

제목 : 떨어진 수학 점수

처음으로 수학 시험에서 70점을 받았다. 늘 100점을 받던 과목이라 더 속상했다. 한동안 자신감도 잃고 힘들었지만, 가족과 친구의 응원 덕분에 힘을 냈다. 다음 시험은 더 노력해서 꼭 좋은 점수를 받아야겠다고 다짐했다.

쓰기 위한 생각

★ 따라 쓰는 한마디

"넘어져도 다시 일어나자!"

★ 오늘의 기분 표시하기

☺ 즐거웠다 ☹ 당황했다 ☺ 자신감이 생겼다 ☹ 속상했다 ☺ 기뻤다

★ 오늘 그려보기

응원하는 가족과 친구들의 모습을 그림으로 표현해 보세요.

일기 따라 쓰기

제목 : 떨어진 수학 점수

처음으로 수학 시험에서 70점을 받았다. 늘 100점을 받던 과목이라 더 속상했다. 한동안 자신감도 잃고 힘들었지만, 가족과 친구의 응원 덕분에 힘을 냈다. 다음 시험은 더 노력해서 꼭 좋은 점수를 받아야겠다고 다짐했다.

일기 쓰기 팁!

힘든 시기에 받은 응원, 이겨낸 후의 기쁨을 한 줄로 써보세요.

쓰기 위한 쓰기 … 나만의 이야기를 세 문장으로 표현해 보세요.

제목 :

⑥ 내 인생의 롤모델

쓰기 위한 읽기

제목 : 담임 선생님

나는 우리 반 담임 선생님을 롤모델로 삼고 있다. 선생님은 언제나 친절하시고, 반 친구들을 모두 공평하게 대해주신다. 가끔 선생님의 말투를 따라 하면 친구들이 똑같다며 웃어준다. 그것도 좋다. 좋은 선생님이 계셔서 학교 가는 것이 즐겁다.

쓰기 위한 생각

★ 따라 쓰는 한마디

좋은 선생님이 계셔서 학교 가는 것이 즐겁다.

★ 오늘의 기분 표시하기

즐거웠다 당황했다 기뻤다 설렜다 평범했다

★ 오늘 그려보기

선생님의 닮고 싶은 모습을 그림으로 표현해 보세요.

일기 따라 쓰기

제목 : 담임 선생님

나는 우리 반 담임 선생님을 롤모델로 삼고 있다. 선생님은 언제나 친절하시고, 반 친구들을 모두 공평하게 대해주신다. 가끔 선생님의 말투를 따라하면 친구들이 똑같다며 웃어준다. 그것도 좋다. 좋은 선생님이 계셔서 학교 가는 것이 즐겁다.

일기 쓰기 팁!

닮고 싶은 사람이 있다면 어떤 사람인지 왜 닮고 싶은지 써 보세요.

쓰기 위한 쓰기 … 나만의 이야기를 세 문장으로 표현해 보세요.

제목 :

⑦ 고마운 친구에게 편지쓰기

쓰기 위한 읽기

제목 : 편지

얼마 전에 다리를 다쳐 목발을 짚고 학교를 다녔다. 그런데 매일 아침 지후가 나의 등교를 같이 해 주었다. 고마운 마음을 전하고 싶어 지후한테 편지를 썼다. 편지를 받은 지후가 웃으며 나를 꼭 안아주었다. 고마운 마음을 표현하니 쑥스럽지만 좋았다.

쓰기 위한 생각

★ 따라 쓰는 한마디

감사는 표현해야 한다.

★ 오늘의 기분 표시하기

따뜻했다 기뻤다 행복했다 속상했다 평범했다

★ 오늘 그려보기

편지 쓰는 내 모습, 친구와 웃으며 안는 장면을 그려보세요!

일기 따라 쓰기

제목 : 편지

얼마 전에 다리를 다쳐 목발을 짚고 학교를 다녔다. 그런데 매일 아침 지후가 나의 등교를 같이 해 주었다. 고마운 마음을 전하고 싶어 지후한테 편지를 썼다. 편지를 받은 지후도 웃으며 나를 꼭 안아주었다. 고마운 마음을 표현하니 쑥스럽지만 좋았다.

일기 쓰기 팁!

친구에게 고마웠던 순간의 마음을 글로 표현해 보세요.

쓰기 위한 쓰기 … 나만의 이야기를 세 문장으로 표현해 보세요.

제목 :

⑧ 가족에게 받은 큰 도움

쓰기 위한 읽기

제목 : 숙제

숙제가 너무 많아서 힘들었는데 엄마가 옆에서 문제를 읽어 주셨다. 아빠는 잘하고 있다며 응원해 주셨다. 엄마, 아빠 덕분에 숙제를 끝까지 할 수 있었다. 가족한테 고마운 마음이 들었다.

쓰기 위한 생각

★ 따라 쓰는 한마디

가족은 내가 어려울 때 큰 힘이 된다.

★ 오늘의 기분 표시하기

☺ 든든했다 ☹ 감사했다 ☺ 행복했다 ☹ 속상했다 😐 평범했다

★ 오늘 그려보기

가족과 함께 있는 모습, 격려받는 장면을 그려보세요!

일기 따라 쓰기

제목 : 숙제

숙제가 너무 많아서 힘들었는데 엄마가 옆에서 문제를 읽어 주셨다. 아빠는 잘하고 있다며 응원해 주셨다. 엄마, 아빠 덕분에 숙제를 끝까지 할 수 있었다. 가족한테 고마운 마음이 들었다.

일기 쓰기 팁!

가족에게 고마웠던 순간, 앞으로 가족에게 해주고 싶은 일을 써보세요.

쓰기 위한 쓰기 … 나만의 이야기를 세 문장으로 표현해 보세요.

제목 :

⑨ 나만의 특별한 소원

쓰기 위한 읽기

제목 : 나만의 소원

우리 집은 대가족이다. 할아버지, 할머니가 자식을 많이 낳았기 때문이다. 그런데 지금 다들 떨어져 살아서 만나기가 어렵다. 언젠가 가족이 모두 모여 즐겁게 이야기하는 날이 오면 좋겠다. 소원을 적고나니 금방 이루어질 것 같은 기분이 들어서 행복했다.

쓰기 위한 생각

★ 따라 쓰는 한마디

"꿈은 적는 순간부터 시작된다!"

★ 오늘의 기분 표시하기

☺ 즐거웠다 ☺ 설렜다 ☺ 신났다 ☹ 속상했다 😐 평범했다

★ 오늘 그려보기

가족들과 같이 하고 싶은 일을 그림으로 표현해 보세요.

일기 따라 쓰기

제목 : 나만의 소원

우리는 대가족이다. 할아버지, 할머니가 자식을 많이 낳았기 때문이다. 그런데 지금 다들 떨어져 살아서 만나기가 어렵다. 언젠가 가족이 모두 모여 즐겁게 이야기하는 날이 오면 좋겠다. 소원을 적고나니 금방 이루어질 것 같은 기분이 들어서 행복했다.

일기 쓰기 팁!

가족들과 함께 하고 싶은 마음을 한 줄로 써보세요..

쓰기 위한 쓰기 ··· 나만의 이야기를 세 문장으로 표현해 보세요.

제목 :

⑩ 오늘 하루 감사했던 순간

쓰기 위한 읽기

제목 : 감사한 하루

감사 일기를 쓰기 시작했다. 감사할 일을 찾다보니 감사한 일이 생각보다 많았다. 엄마가 아침에 따뜻한 밥을 차려주셔서 감사하고, 친구들이랑 사이 좋게 지내서 감사하다. 내일도 분명 감사 할 일이 생길 것 같다.

쓰기 위한 생각

★ 따라 쓰는 한마디

"감사하는 하루, 행복한 내일!"

★ 오늘의 기분 표시하기

☺ 행복했다 ☹ 감사했다 ☺ 따뜻했다 ☹ 속상했다 😐 평범했다

★ 오늘 그려보기

감사한 일을 그림으로 표현해 보세요.

일기 따라 쓰기

제목 : 감사한 하루

감사 일기를 쓰기 시작했다. 감사할 일을 찾다보니 감사한 일이 생각보다 많았다. 엄마가 아침에 따뜻한 밥을 차려주셔서 감사하고, 친구들이랑 사이좋게 지내서 감사하다. 내일도 분명 감사 할 일이 생길 것 같다.

일기 쓰기 팁!

오늘 감사했던 사람에게 전하고 싶은 말를 한 줄로 써보세요.

쓰기 위한 쓰기 ··· 나만의 이야기를 세 문장으로 표현해 보세요.

제목 :

이건 꼭 익혀주세요!

쉬운 일기 쓰는 법

1. 감사 일기

작은 것부터 찾기 : 거창한 일이 아니어도 좋아요. 오늘 맛있게 먹은 점심, 친구가 웃어 준 순간, 비가 그친 하늘도 감사의 이유가 될 수 있어요.

하루에 한 줄이라도 쓰기 : "오늘 ○○해서 고마웠다."처럼 간단히 적어도 충분해요.

마음 담기 : 단순히 사실만 적기보다, 왜 고마운지, 그때 어떤 기분이 들었는지도 함께 쓰면 더 따뜻해져요.

예시:

"친구가 연필을 빌려줘서 고마웠다. 덕분에 숙제를 바로 할 수 있었다."

"오늘 엄마가 웃으면서 안아 주셔서 감사한 마음이 들었다."

2. 육하원칙 일기쓰기

'누가-언제-어디서-무엇을-어떻게-왜' 5W1H 활용하기

→ 누가(내가), 언제(오늘 학교 수업 시간에), 어디서(교실에서), 무엇을(국어 발표를), 어떻게(긴장하면서도 열심히), 왜(공부한 내용을 보여주고 싶어서)

짧게 시작하기

→ 두세 문장만 적어도 괜찮아요. 쓰다 보면 자연스럽게 더 길어져요.

마무리 문장은 '기분'으로 끝내기

→ "오늘은 ~해서 기뻤다." / "조금 아쉬웠지만 다시 해 보고 싶다."

3. 긍정 일기

미래 : "내일은 더 자신 있게 말할 수 있을 것 같다."

감사 : "오늘 선생님이 칭찬해 주셔서 힘이 났다."

희망 : "앞으로 친구들과 사이좋게 지내고 싶다."

"작게 시작해서 마음 담기"
원칙을 기억하면서 일기를 써 보세요.

3장

나만의 특별한 버킷 리스트

1. 세계일주 가기
2. 나만의 책 쓰기
3. 우주 여행하기
4. 바닷속 탐험하기
5. 피아노로 곡 연주하기
6. 하늘에서 패러글라이딩 하기
7. 반려동물과 하루 보내기
8. 캠핑장에서 별보기
9. 내가 만든 그림책 전시하기
10. 롤러코스터 타기

[쉬어가는 코너]
일기 쓰기가 힘들 때 쓰는 비법

① 세계일주 가기

쓰기 위한 읽기

제목 : 세계일주 가기

나는 언젠가 가족과 함께 세계일주를 하고 싶다. 큰 바다와 높은 산을 보고 싶고, 다른 나라의 문화를 직접 느끼면 재미있을 것 같다. 나라마다 다른 냄새와 색깔이 나를 기다리고 있을 것 같다. 여행 사진을 하나씩 모으는 것도 뿌듯할 것 같다.

쓰기 위한 생각

★ 따라 쓰는 한마디

"세상은 책, 여행은 그 책을 읽는 것이다."

★ 오늘의 기분 표시하기

☺ 기대됐다 ☺ 행복했다 ☺ 아쉬웠다 ☹ 속상했다 ☺ 평범했다

★ 오늘 그려보기

세계지도에서 가고 싶은 나라를 찾아보고 그 나라의 특징을 그림으로 표현해 보세요

일기 따라 쓰기

제목 : 세계일주 가기

나는 언젠가 가족과 함께 세계일주를 하고 싶다. 큰 바다와 높은 산을 보고 싶고, 다른 나라의 문화를 직접 느끼면 재미있을 것 같다. 나라마다 다른 냄새와 색깔이 나를 기다리고 있을 것 같다. 여행 사진을 하나씩 모으는 것도 뿌듯할 것 같다.

일기 쓰기 팁!

여행지 하나를 골라, 보고 싶은 장소·음식·사람을 각각 한 문장씩 써보세요.

쓰기 위한 쓰기 … 나만의 이야기를 세 문장으로 표현해 보세요.

제목 :

② 나만의 책 쓰기

쓰기 위한 읽기

제목 : 책 쓰기

나는 언젠가 내 이야기를 책으로 만들고 싶다. 내가 쓴 글을 읽고 사람들이 웃는 모습을 상상하면 기분이 좋다. 그리고 서점에 내 이름이 적힌 책이 놓여 있으면 정말 자랑스러울 것 같다.

쓰기 위한 생각

★ 따라 쓰는 한마디

"글은 마음의 집을 짓는 일"

★ 오늘의 기분 표시하기

☺ 설렜다 ☺ 뿌듯했다 ☺ 아쉬웠다 ☹ 속상했다 ☺ 평범했다

★ 오늘 그려보기

내 책의 표지를 디자인해 보세요

일기 따라 쓰기

제목 : 책 쓰기

나는 언젠가 내 이야기를 책으로 만들고 싶다. 내가 쓴 글을 읽고 사람들이 웃는 모습을 상상하면 기분이 좋다. 그리고 서점에 내 이름이 적힌 책이 놓여 있으면 정말 자랑스러울 것 같다.

일기 쓰기 팁!

주인공, 사건, 결말을 한 줄씩 적어 작은 줄거리를 만들어 보세요.

쓰기 위한 쓰기 ··· 나만의 이야기를 세 문장으로 표현해 보세요.

제목 :

③ 우주 여행하기

쓰기 위한 읽기

제목 : 우주여행

언젠가 나는 로켓을 타고 우주로 여행을 가고 싶다. 창밖으로 지구가 작아지는 모습을 보면 얼마나 신기할까. 우주에서 무중력으로 둥둥 떠다니는 기분도 느껴보고 싶다.

쓰기 위한 생각

★ 따라 쓰는 한마디

"별을 바라보면 마음도 커진다."

★ 오늘의 기분 표시하기

즐거웠다 당황했다 설렜다 속상했다 평범했다

★ 오늘 그려보기

우주복을 입고 떠나는 나를 그려보세요!

일기 따라 쓰기

제목 : 우주여행

언젠가 나는 로켓을 타고 우주로 여행을 가고 싶다. 창밖으로 지구가 작아지는 모습을 보면 얼마나 신기할까. 우주에서 무중력으로 둥둥 떠다니는 기분도 느껴보고 싶다.

일기 쓰기 팁!

보고 싶은 우주의 소리, 색, 냄새를 상상해서 표현해 보세요.

쓰기 위한 쓰기 … 나만의 이야기를 세 문장으로 표현해 보세요.

제목 :

④ 바닷속 탐험하기

쓰기 위한 읽기

제목 : 바닷속 탐험

푸른 바다 속을 직접 탐험해 보고 싶다. 다양한 물고기와 산호를 가까이서 보면 신기하고 멋질 것 같다. 물속에서 들리는 파도 소리도 느껴보고 싶고 깊이 잠수해 신비한 해저 동굴도 찾아가 보고 싶다.

쓰기 위한 생각

★ 따라 쓰는 한마디

"바다는 또 다른 세계"

★ 오늘의 기분 표시하기

☺ 즐거웠다 ☺ 신기했다 ☺ 행복했다 ☹ 속상했다 ☺ 평범했다

★ 오늘 그려보기

바닷속 풍경을 그려보세요!

일기 따라 쓰기

제목 : 바닷속 탐험

푸른 바다 속을 직접 탐험해 보고 싶다. 다양한 물고기와 산호를 가까이서 보면 신기하고 멋질 것 같다. 물속에서 들리는 파도 소리도 느껴보고 싶고 깊이 잠수해 신비한 해저 동굴도 찾아가 보고 싶다.

일기 쓰기 팁!

물속에서 무엇을 보고, 누구를 만나고, 어떤 소리를 듣고 싶은지 써보세요.

쓰기 위한 쓰기 ··· 나만의 이야기를 세 문장으로 표현해 보세요.

제목 :

⑤ 피아노로 곡 연주하기

쓰기 위한 읽기

제목 : 피아노 연주

나는 언젠가 큰 무대에서 피아노를 연주 하고 싶다. 나만의 곡을 만들어 사람들에게 들려주고 싶다. 피아노를 칠 때 내 음악을 듣고 행복함을 느낀다면 정말 뿌듯할 것 같다. 무대 위에서 박수 받으며 연주하는 순간을 상상하면 벌써 가슴이 뛴다.

쓰기 위한 생각

★ 따라 쓰는 한마디

"음악은 마음의 언어"

★ 오늘의 기분 표시하기

설렜다 당황했다 신났다 속상했다 평범했다

★ 오늘 그려보기

무대에서 피아노 치는 나를 상상해서 그려보세요!

일기 따라 쓰기

제목 : 피아노 연주

나는 언젠가 큰 무대에서 피아노를 연주 하고 싶다. 나만의 곡을 만들어 사람들에게 들려주고 싶다. 피아노를 칠 때 내 음악을 듣고 행복함을 느낀다면 정말 뿌듯할 것 같다. 무대 위에서 박수 받으며 연주하는 순간을 상상하면 벌써 가슴이 뛴다.

일기 쓰기 팁!

곡을 연주할 때의 마음을 글로 표현해 보세요.

쓰기 위한 쓰기 … 나만의 이야기를 세 문장으로 표현해 보세요.

제목 :

⑥ 하늘에서 패러글라이딩 하기

쓰기 위한 읽기

제목 : 패러글라이딩 하기

패러글라이딩을 해보고 싶다. 하늘을 나는 기분이 들 것 같아서다. 새가 된 것처럼 자유롭게 날아다니는 기분은 어떨까? 그 순간만큼은 세상이 모두 내 것 같다는 생각이 들 것 같다.

쓰기 위한 생각

★ 따라 쓰는 한마디

"패러글라이딩을 해보고 싶다."

★ 오늘의 기분 표시하기

☺ 설렜다 ☺ 행복했다 ☹ 아쉬웠다 ☹ 속상했다 😐 평범했다

★ 오늘 그려보기

하늘을 나는 모습을 상상하여 그려보세요!

일기 따라 쓰기

제목 : 패러글라이딩 하기

패러글라이딩을 해보고 싶다. 하늘을 나는 기분이 들 것 같아서다. 새가 된 것처럼 자유롭게 날아다니는 기분은 어떨까? 그 순간만큼은 세상이 모두 내 것 같다는 생각이 들 것 같다.

일기 쓰기 팁!

패러글라이딩을 할 때 눈에 보이는 세 가지 풍경을 상상해서 적어보세요.

쓰기 위한 쓰기 … 나만의 이야기를 세 문장으로 표현해 보세요.

제목 :

⑦ 반려동물과 하루 보내기

쓰기 위한 읽기

제목 : 반려동물과 하루 종일 놀기

엄마가 알레르기가 있어서 우리 집은 동물을 키울 수가 없다. 하지만 나는 반려동물과 하루 종일 놀아보고 싶다. 함께 산책을 하고, 맛있는 간식을 주고, 포근하게 안아주고 싶다. 왜냐면 귀여운 동물이 웃는 얼굴을 보면 나도 행복해질 것 같아서다.

쓰기 위한 생각

★ 따라 쓰는 한마디

"사랑은 함께 있는 시간에서 자란다."

★ 오늘의 기분 표시하기

행복했다 즐거웠다 아쉬웠다 속상했다 평범했다

★ 오늘 그려보기

키우고 싶은 반려동물과 함께 있는 장면을 그려보세요!

일기 따라 쓰기

제목 : 반려동물과 하루 종일 놀기

엄마가 알레르기가 있어서 우리 집은 동물을 키울 수가 없다. 하지만 나는 반려동물과 하루 종일 놀아보고 싶다. 함께 산책을 하고, 맛있는 간식을 주고, 포근하게 안아주고 싶다. 왜냐면 귀여운 동물이 웃는 얼굴을 보면 나도 행복해질 것 같아서다.

일기 쓰기 팁!

반려동물과 하고 싶은 세 가지 활동을 적어보세요.

쓰기 위한 쓰기 … 나만의 이야기를 세 문장으로 표현해 보세요.

제목 :

⑧ 캠핑장에서 별보기

쓰기 위한 읽기

제목 : 캠핑장에서 하룻밤

밤하늘에 별이 반짝이는 캠핑장에서 하룻밤을 보내고 싶다. 텐트 앞에 모닥불도 피우고 따뜻한 코코아를 마시며 별자리도 찾아보고 싶다. 캠핑을 가면 가만히 앉아 모닥불을 보는 것만으로도 행복할 것 같다.

쓰기 위한 생각

★ 따라 쓰는 한마디

"별을 보며 꿈을 꾼다."

★ 오늘의 기분 표시하기

설렜다 편안했다 행복했다 속상했다 평범했다

★ 오늘 그려보기

밤하늘과 별자리의 모습을 그려보세요.

일기 따라 쓰기

제목 : 캠핑장에서 하룻밤

밤하늘에 별이 반짝이는 캠핑장에서 하룻밤을 보내고 싶다. 텐트 앞에 모닥불도 피우고 따뜻한 코코아를 마시며 별자리도 찾아보고 싶다. 캠핑을 가면 가만히 앉아 모닥불을 보는 것만으로도 행복할 것 같다.

일기 쓰기 팁!

별을 볼 때 소리, 냄새, 기분을 각각 한 문장씩 써보세요.

쓰기 위한 쓰기 ··· 나만의 이야기를 세 문장으로 표현해 보세요.

제목 :

⑨ 내가 만든 그림책 전시하기

쓰기 위한 읽기

제목 : 나만의 그림책

주말마다 미술학원에 가서 그림을 그린다. 하루 종일 그림을 그리지만 길게 느껴지지 않는다. 나중에는 내 이야기를 그림책으로 만들어 전시해 보고 싶다. 사람들이 내 책을 보고 미소 지으면 행복할 것 같다.

쓰기 위한 생각

★ 따라 쓰는 한마디

"이야기는 나를 닮는다."

★ 오늘의 기분 표시하기

☺ 설렜다 ☹ 뿌듯했다 ☹ 아쉬웠다 ☹ 속상했다 😐 평범했다

★ 오늘 그려보기

내가 전시하고 싶은 그림책을 그려보세요!

일기 따라 쓰기

제목 : 나만의 그림책

주말마다 미술학원에 가서 그림을 그린다. 하루 종일 그림을 그리지만 길게 느껴지지 않는다. 나중에는 내 이야기를 그림책으로 만들어 전시해 보고 싶다. 사람들이 내 책을 보고 미소 지으면 행복할 것 같다.

일기 쓰기 팁!

그림책에 어떤 내용을 담고 싶은지 적어 보세요.

쓰기 위한 쓰기 … 나만의 이야기를 세 문장으로 표현해 보세요.

제목 :

⑩ 롤러코스터 타기

쓰기 위한 읽기

제목 : 롤러코스터

가족들과 놀이동산에 갔다가 롤러코스터를 구경했다. 내려올 때 들리는 소리가 무섭게 느껴졌지만 타고 싶은 마음이 생겼다. 출발할 때 심장이 두근거리겠지만 달리기 시작하면 시원한 기분이 들 것 같다. 다음에는 꼭 도전해 보고 싶다.

쓰기 위한 생각

★ 따라 쓰는 한마디

"두려움 너머에 즐거움이 있다."

★ 오늘의 기분 표시하기

☺ 즐거웠다 ☺ 설렜다 ☺ 아쉬웠다 ☹ 속상했다 😐 평범했다

★ 오늘 그려보기

롤러코스터 위의 나를 그려보세요!

일기 따라 쓰기

제목 : 롤러코스터

가족들과 놀이동산에 갔다가 롤러코스터를 구경했다. 내려올 때 들리는 소리가 무섭게 느껴졌지만 타고 싶은 마음이 생겼다. 출발할 때 심장이 두근거리겠지만 달리기 시작하면 시원한 기분이 들 것 같다. 다음에는 꼭 도전해 보고 싶다.

일기 쓰기 팁!

무서움과 즐거움을 표현하는 단어를 두개씩 찾아서 써보세요.

쓰기 위한 쓰기 ··· 나만의 이야기를 세 문장으로 표현해 보세요.

제목 :

쉬어가는 코너

일기 쓰기가 힘들 때 쓰는 비법

1. 오늘 하루 세 가지로 나누기

아침: 아침에 일어난 순간, 아침밥, 학교 가는 길

낮: 수업 시간, 점심시간, 친구들과의 수다

저녁: 학원, 집에서 한 일, 가족과의 대화

★ 이 중에서 하나만 골라 적어 보세요. .

2. 한 문장 틀 활용하기

1. ○○에서 ○○을 했는데 ○○해서 재밌었다.
2. ○○에서 ○○을 만나서 ○○을 하면서 ○○ 시간을 보냈다.
3. 다음에는 ○○이랑 ○○에서 ○○하면 놀고 싶다.

★ 문장 틀을 채우다 보면 자연스럽게 글이 이어져요.

3. 그림 먼저 그리기

글이 잘 안 써질 때는 오늘 기억에 남는 장면을 그림으로 그려 보세요

★ 그림 옆에 짧게 설명만 붙여도 멋진 일기가 돼요.

4. 질문으로 시작하기

1. 오늘 내가 제일 많이 웃은 순간은 언제였을까?
2. 오늘 처음 해 본 일은 무엇이었을까?
3. 오늘 나를 기분 좋게 만든 사람은 누구였을까?

★ 질문 하나만 고르면 일기 소재가 금방 떠올라요.

5. 기분 스티커 붙이기

'행복 / 즐거움 / 화남 / 속상함'

★ 기분 스티커를 먼저 고른 뒤, 왜 그런 기분이었는지 만 써도 충분해요.

4장

나만의 비밀 레시피

1. 달콤한 딸기 파르페 만들기
2. 초코 쿠키 구워보기
3. 엄마표 김밥 만들기
4. 시원한 수박 주스 만들기
5. 달걀 프라이 완벽하게 하기
6. 달콤한 팬케이크 굽기
7. 바삭한 토스트 만들기
8. 치즈 피자 만들기
9. 따끈한 라면 끓이기
10. 부드러운 오믈렛 만들기

[이건 꼭 익혀주세요!]

감정 단어 활용해서 일기쓰기

① 달콤한 딸기 파르페 만들기

쓰기 위한 읽기

제목 : 달콤한 딸기 파르페

엄마와 딸기 파르페를 만들었다. 컵에 딸기랑 생크림, 시리얼을 차곡차곡 넣고 초콜릿 소스를 뿌렸다. 한입 먹으니 새콤달콤하고 너무 맛있었다. 하나 더 먹고 싶었지만 꾹 참았다.

쓰기 위한 생각

★ 따라 쓰는 한마디

"달콤함은 나누면 두 배가 된다."

★ 오늘의 기분 표시하기

즐거웠다 행복했다 신났다 속상했다 평범했다

★ 오늘 그려보기

유리컵 속 예쁜 파르페를 그려보세요

일기 따라 쓰기

제목 : 달콤한 딸기 파르페

엄마와 딸기 파르페를 만들었다. 컵에 딸기랑 생크림, 시리얼을 차곡차곡 넣고 초콜릿 소스를 뿌렸다. 한입 먹으니 새콤달콤하고 너무 맛있었다. 하나 더 먹고 싶었지만 꾹 참았다.

일기 쓰기 팁!

재료를 색 · 맛 · 촉감으로 표현해 보세요.

쓰기 위한 쓰기 ··· 나만의 이야기를 세 문장으로 표현해 보세요.

제목 :

② 초코 쿠키 구워보기

쓰기 위한 읽기

제목 : 아빠와 초코 쿠키 굽기

아빠랑 같이 초코 쿠키를 구웠다. 반죽에 초코칩을 넣고 동그랗게 빚어 오븐에 넣었다. 잠시 뒤 고소한 냄새가 집 안에 퍼졌다. 쿠키가 점점 갈색으로 익어가는 걸 보니 신기했다. 완성된 쿠키를 먹어 보니 바삭바삭하고 달콤해서 행복했다. 직접 구워 보니 내가 요리사가 된 것 같아 뿌듯했다.

쓰기 위한 생각

★ 따라 쓰는 한마디

"정성은 맛을 더해준다."

★ 오늘의 기분 표시하기

☺ 즐거웠다 ☹ 당황했다 ☺ 아쉬웠다 ☹ 행복했다 ☺ 신났다

★ 오늘 그려보기

초코칩이 콕콕 박힌 쿠키를 그려보세요

일기 따라 쓰기

제목 : 아빠와 초코 쿠키 굽기

아빠랑 같이 초코 쿠키를 구웠다. 반죽에 초코칩을 넣고 동그랗게 빚어 오븐에 넣었다. 잠시 뒤 고소한 냄새가 집 안에 퍼졌다. 쿠키가 점점 갈색으로 익어가는 걸 보니 신기했다. 완성된 쿠키를 먹어 보니 바삭바삭하고 달콤해서 행복했다. 직접 구워 보니 뿌듯했다.

일기 쓰기 팁!

쿠키를 구울 때 지켜야 할 한 가지 주의점을 적어보세요.

쓰기 위한 쓰기 … 나만의 이야기를 세 문장으로 표현해 보세요.

제목 :

③ 엄마표 김밥 만들기

쓰기 위한 읽기

제목 : 엄마와 함께 김밥 만든 날

엄마랑 같이 김밥을 만들었다. 먼저 김 위에 밥을 얇게 펴고, 그 위에 당근, 시금치, 계란말이를 올렸다. 그런 다음 돌돌 말았는데 김밥이 터져서 조금 속상했다. 그래도 엄마랑 다시 꾹꾹 눌러서 만들었더니 멋진 김밥이 완성됐다. 먹어 보니 맛있어서 기분이 좋았다.

쓰기 위한 생각

★ 따라 쓰는 한마디

"정성은 맛의 비밀 재료"

★ 오늘의 기분 표시하기

☺ 행복했다 ☺ 뿌듯했다 ☺ 아쉬웠다 ☹ 속상했다 ☺ 평범했다

★ 오늘 그려보기

속이 알록달록한 김밥 단면을 그려보세요

일기 따라 쓰기

제목 : 엄마와 함께 김밥 만든 날

엄마랑 같이 김밥을 만들었다. 먼저 김 위에 밥을 얇게 펴고, 그 위에 당근, 시금치, 계란말이를 올렸다. 그런 다음 돌돌 말았는데 김밥이 터져서 조금 속상했다. 그래도 엄마랑 다시 꾹꾹 눌러서 만들었더니 멋진 김밥이 완성됐다. 먹어 보니 맛있어서 기분이 좋았다.

일기 쓰기 팁!

김밥 속에 넣고 싶은 나만의 특별 재료를 적어보세요.

쓰기 위한 쓰기 … 나만의 이야기를 세 문장으로 표현해 보세요.

제목 :

④ 시원한 수박 주스 만들기

쓰기 위한 읽기

제목 : 수박 주스 만들기

더워서 엄마와 함께 수박 주스를 만들었다. 먼저 빨간 수박을 큼직하게 잘라 씨를 빼고 믹서에 넣었다. 갈리는 소리가 시원하게 들렸다. 곱게 간 수박 주스를 컵에 따르고 얼음을 넣었다. 한 모금 마시니 달콤하고 차가워서 더위가 싹 사라졌다.

쓰기 위한 생각

★ 따라 쓰는 한마디

"시원함은 최고의 여름 선물"

★ 오늘의 기분 표시하기

행복했다 당황했다 상쾌했다 아쉬웠다 평범했다

★ 오늘 그려보기

컵에 담긴 시원한 수박 주스를 그려보세요

일기 따라 쓰기

제목 : 수박 주스 만들기

더워서 엄마와 함께 수박 주스를 만들었다. 먼저 빨간 수박을 큼직하게 잘라 씨를 빼고 믹서에 넣었다. 갈리는 소리가 시원하게 들렸다. 곱게 간 수박 주스를 컵에 따르고 얼음을 넣었다. 한 모금 마시니 달콤하고 차가워서 더위가 싹 사라졌다.

일기 쓰기 팁!

수박주스를 마셨을때 느껴지는 맛을 한 단어로 표현해 보세요.

쓰기 위한 쓰기 ··· 나만의 이야기를 세 문장으로 표현해 보세요.

제목 :

⑤ 달걀 프라이 완벽하게 하기

쓰기 위한 읽기

제목 : 달걀 프라이 혼자 한 날

엄마한테 허락을 받고 직접 달걀 프라이를 했다. 먼저 팬에 기름을 두르고 달걀을 조심스럽게 깼다. 노른자가 깨지지 않아 다행이었다. 흰자가 노릇하게 익을 때까지 기다렸다가 밥 위에 올려 먹었다. 간단하지만 정말 맛있는 음식이다.

쓰기 위한 생각

★ 따라 쓰는 한마디

"작은 정성이 큰 맛을 만든다."

★ 오늘의 기분 표시하기

뿌듯했다 설렜다 아쉬웠다 속상했다 만족했다

★ 오늘 그려보기

노른자가 반짝이는 달걀 프라이를 그려 보세요.

일기 따라 쓰기

제목 : 달걀 프라이 혼자 한 날

엄마한테 허락을 받고 직접 달걀 프라이를 했다. 먼저 팬에 기름을 두르고 달걀을 조심스럽게 깼다. 노른자가 깨지지 않아 다행이었다. 흰자가 노릇하게 익을 때까지 기다렸다가 밥 위에 올려 먹었다. 간단하지만 정말 맛있는 음식이다.

일기 쓰기 팁!

조리 과정을 순서대로 세 문장으로 써보세요.

쓰기 위한 쓰기 … 나만의 이야기를 세 문장으로 표현해 보세요.

제목 :

⑥ 달콤한 팬케이크 굽기

쓰기 위한 읽기

제목 : 달콤한 팬케이크 굽기

엄마가 팬케이크를 구우셨다. 나는 옆에서 반죽을 섞는 걸 도와드렸다. 엄마가 팬에 반죽을 올리자 동그랗게 부풀어 오르는 모습이 재미있었다. 노릇노릇 구워진 팬케이크 위에 꿀과 버터를 얹고 먹었다. 폭신하고 달콤했다.

쓰기 위한 생각

★ 따라 쓰는 한마디

"팬케이크는 폭신하고 달콤했다."

★ 오늘의 기분 표시하기

행복했다 뿌듯했다 아쉬웠다 속상했다 피곤했다

★ 오늘 그려보기

버터와 꿀이 얹혀진 팬케이크를 그려 보세요.

일기 따라 쓰기

제목 : 달콤한 팬케이크 굽기

엄마가 팬케이크를 구우셨다. 나는 옆에서 반죽을 섞는 걸 도와드렸다. 엄마가 팬에 반죽을 올리자 동그랗게 부풀어 오르는 모습이 재미있었다. 노릇노릇 구워진 팬케이크 위에 꿀과 버터를 얹고 먹었다. 폭신하고 달콤했다.

일기 쓰기 팁!

완성된 팬케이크의 맛을 묘사해 보세요.

쓰기 위한 쓰기 … 나만의 이야기를 세 문장으로 표현해 보세요.

제목 :

⑦ 바삭한 토스트 만들기

쓰기 위한 읽기

제목 : 토스트 만들기

아침에 동생과 함께 빵을 구웠다. 식빵을 토스터기에 넣고 기다리니 노릇노릇하게 구워졌다. 따끈한 식빵을 꺼내 딸기잼을 바르니 달콤한 냄새가 났다. 우유와 함께 먹으니 더 맛있었다.

쓰기 위한 생각

★ 따라 쓰는 한마디

"맛있는 음식은 하루를 기분 좋게 만든다."

★ 오늘의 기분 표시하기

☺ 뿌듯했다 ☺ 상쾌했다 ☺ 아쉬웠다 ☹ 속상했다 😐 평범했다

★ 오늘 그려보기

토스트 위에 딸기잼과 포도잼을 바른 모습을 그려보세요.

일기 따라 쓰기

제목 : 토스트 만들기

아침에 동생과 함께 빵을 구웠다. 식빵을 토스터기에 넣고 기다리니 노릇노릇하게 구워졌다. 따끈한 식빵을 꺼내 딸기잼을 바르니 달콤한 냄새가 났다. 우유와 함께 먹으니 더 맛있었다.

일기 쓰기 팁!

토스트를 먹을 때 들리는 소리를 글로 표현해 보세요.

쓰기 위한 쓰기 … 나만의 이야기를 세 문장으로 표현해 보세요.

제목 :

⑧ 치즈 피자 만들기

쓰기 위한 읽기

제목 : 치즈 피자 만든 날

집에서 치즈 피자를 만들었다. 먼저 반죽 위에 토마토 소스를 골고루 바르고, 치즈를 듬뿍 올렸다. 좋아하는 햄과 옥수수도 얹었다. 오븐에 넣자 치즈가 노릇노릇 녹아내려 맛있어 보였다. 완성된 피자를 한 조각 먹으니 치즈가 쭉 늘어나서 재밌었다.

쓰기 위한 생각

★ 따라 쓰는 한마디

"치즈는 행복을 늘린다."

★ 오늘의 기분 표시하기

☺ 즐거웠다 ☺ 행복했다 ☺ 아쉬웠다 ☹ 속상했다 ☺ 평범했다

★ 오늘 그려보기

치즈가 늘어나는 피자 조각을 그려 보세요.

일기 따라 쓰기

제목 : 치즈 피자 만든 날

집에서 치즈 피자를 만들었다. 먼저 반죽 위에 토마토 소스를 골고루 바르고, 치즈를 듬뿍 올렸다. 좋아하는 햄과 옥수수도 얹었다. 오븐에 넣자 치즈가 노릇노릇 녹아내려 맛있어 보였다. 완성된 피자를 한 조각 먹으니 치즈가 쭉 늘어나서 재밌었다.

일기 쓰기 팁!

좋아하는 피자 토핑 세 가지를 적어보세요.

쓰기 위한 쓰기 ··· 나만의 이야기를 세 문장으로 표현해 보세요.

제목 :

⑨ 따끈한 라면 끓이기

쓰기 위한 읽기

제목 : 라면 끓이기

날이 추워서 아빠와 라면을 끓였다. 물이 보글보글 끓자 면과 스프를 넣었다. 계란도 넣고 파도 썰어 넣었다. 맛있는 냄새가 퍼져서 금방 배가 고파졌다. 라면을 김치랑 같이 먹으니 몸도 따뜻해지고 기분도 좋아졌다.

쓰기 위한 생각

★ 따라 쓰는 한마디

"간단하지만 행복한 한 그릇"

★ 오늘의 기분 표시하기

☺ 즐거웠다 ☹ 당황했다 ☺ 행복했다 ☹ 든든했다 😐 평범했다

★ 오늘 그려보기

김이 모락모락 나는 라면 그릇을 그려 보세요.

일기 따라 쓰기

제목 : 라면 끓이기

날이 추워서 아빠와 라면을 끓였다. 물이 보글보글 끓자 면과 스프를 넣었다. 계란도 넣고 파도 썰어 넣었다. 맛있는 냄새가 퍼져서 금방 배가 고파졌다. 라면을 김치랑 같이 먹으니 몸도 따뜻해지고 기분도 좋아졌다.

일기 쓰기 팁!

라면을 끓일 때의 냄새와 소리를 묘사해 보세요.

쓰기 위한 쓰기 ··· 나만의 이야기를 세 문장으로 표현해 보세요.

제목 :

⑩ 부드러운 오믈렛 만들기

쓰기 위한 읽기

제목 : 오믈렛 만들기

아침 식사로 엄마와 함께 오믈렛을 만들었다. 엄마는 달걀을 풀어 팬에 붓고 저었다. 달걀 속에 치즈랑 채소를 넣고 반으로 접으니 오믈렛이 완성됐다. 따뜻한 오믈렛을 먹으니 아침이 든든했다.

쓰기 위한 생각

★ 따라 쓰는 한마디

"따뜻한 음식이 마음도 데운다."

★ 오늘의 기분 표시하기

☺ 즐거웠다 ☺ 당황했다 ☺ 행복했다 ☹ 속상했다 ☺ 뿌듯했다

★ 오늘 그려보기

속이 꽉 찬 오믈렛을 그려보세요!!

일기 따라 쓰기

제목 : 오믈렛 만들기

아침 식사로 엄마와 함께 오믈렛을 만들었다. 엄마는 달걀을 풀어 팬에 붓고 저었다. 달걀 속에 치즈랑 채소를 넣고 반으로 접으니 오믈렛이 완성됐다. 따뜻한 오믈렛을 먹으니 아침이 든든했다.

일기 쓰기 팁!

오믈렛 속에 넣고 싶은 재료를 세 가지 적어보세요.

쓰기 위한 쓰기 ··· 나만의 이야기를 세 문장으로 표현해 보세요.

제목 :

이건 꼭 익혀주세요!

감정 단어 활용해서 일기쓰기

1. 감정 단어가 필요한 이유

- 같은 사건이라도 감정 단어에 따라 글의 분위기가 달라져요.
- “재미있었다” 대신 “두근두근했다”, “감동했다”라고 쓰면 글이 훨씬 풍성해져요.

2. 알고 있으면 좋은 감정 단어들

- 기쁨 : 신났다, 두근두근했다, 뿌듯했다, 감동했다, 설렜다
- 슬픔 : 서운했다, 속상했다, 눈물이 났다, 외로웠다
- 화남 : 답답했다, 짜증 났다, 화가 났다, 억울했다
- 놀람 : 깜짝 놀랐다, 놀라웠다, 신기했다, 멍해졌다
- 차분함 : 편안했다, 잔잔했다, 평화로웠다, 따뜻했다

3. 감정 단어 활용하기

1. "오늘 나는 ○○해서 (감정 단어)."
2. "친구가 ○○해 줘서 (감정 단어)."
3. "나는 ○○을 보니 (감정 단어)."

예시:

"오늘 달리기에서 1등을 해서 뿌듯했다."

"친구가 내 옆에 앉아 줘서 따뜻했다."

"강아지가 꼬리를 흔드는 걸 보니 설렜다."

일기 쓸 때 감정 단어를 떠올려 보세요.
글을 더 풍성해져요.

하루 한 장으로 시작하는

초등 첫 일기 필사

3